Réussir, ça s'apprend !

Trucs et conseils d'un étudiant qui réussit

par Étienne Lapointe

LIBRAIRIE GUÉRIN
4440 ST-DENIS
MTL H2J 2L1
TÉL.: 514-843-6241

Catalogage avant publication de Bibliothèque et Archives Canada

Lapointe, Étienne, 1988-

Réussir, ça s'apprend! : trucs et conseils d'un étudiant qui réussit

Pour les élèves du niveau secondaire.

ISBN 2-89471-255-3

1. Étude – Méthodes. 2. Élèves du secondaire – Budgets temps. I. Titre.

LB1049.L36 2006   373.13'0281   C2006-940874-2

Auteur
Étienne Lapointe

Révision linguistique
Martine Pelletier

Conception graphique et couverture
Perfection Design

Infographie
Nathalie Perreault

Illustrations
Stéphan Vallières

Septembre éditeur

Président
André Provencher

Éditeur
Denis Pelletier

Directeur général et éditeur adjoint
Martin Rochette

Adjointe à l'édition
Martine Pelletier

Septembre éditeur remercie la Société de développement des entreprises culturelles (SODEC) pour son aide financière dans le cadre de ses activités de promotion et d'édition.

Nous reconnaissons l'aide financière du gouvernement du Canada par l'entremise du Programme d'aide au développement de l'industrie de l'édition (PADIÉ) pour nos activités d'édition.

Dépôt légal – Bibliothèque et Archives nationales du Québec, 2006
Dépôt légal – Bibliothèque et Archives Canada, 2006
2e trimestre 2006
ISBN 2-89471-255-3

Imprimé et relié au Québec

2825, chemin des Quatre-Bourgeois
C. P. 9425, succ. Sainte-Foy
Québec (Québec) G1V 4B8
Téléphone : 418 658-7272
Sans frais : 1 800 361-7755
Télécopieur : 418 652-0986

Remerciements

Si une idée d'écriture a pu cheminer jusqu'à voir apparaître mon nom sur un livre édité, c'est sans aucun doute grâce à l'appui inconditionnel de plusieurs personnes. Je tiens à remercier chaleureusement chacune d'elles.

Anik Theunissen-Delisle
Directrice – Développement des marchés, Septembre éditeur
Pour ses judicieux conseils, pour avoir cru au projet dès le début et sans qui la réalisation du présent livre aurait été impossible.

Martine Pelletier
Adjointe à l'édition, Septembre éditeur
Pour son travail exceptionnel quant à la réalisation de ce livre et pour avoir tenu compte de mes commentaires et suggestions tout au long des démarches.

Martin Rochette
Directeur général et éditeur adjoint, Septembre éditeur
Pour avoir considéré mon projet et en avoir fait une réalité.

Nicole Grégoire
Directrice des services pédagogiques, Collège Durocher Saint-Lambert
Alexandrine Grégoire Guindon
Collègue de classe
Pour leurs apports significatifs grâce aux suggestions et commentaires pertinents après lecture de la première version du manuscrit.

Et finalement, ma famille et mes amis et amies pour m'avoir soutenu continuellement tout au long de ce cheminement.

Table des matières

} Confiance

**Tu veux réussir
tout en faisant autre chose qu'étudier?**

**Tu éprouves parfois des difficultés
que tu aimerais surmonter,
mais tu ne sais pas toujours comment?**

Alors... tourne la page !

Un peu plus
sur le livre
et sur moi

Bonjour!

Avant que tu commences à lire ce livre, j'ai pensé qu'il serait bien que tu saches qui je suis. Pourquoi? Et bien, je crois qu'il est important d'apprendre à me connaître avant de lire tout ce dont j'ai à te faire part...

Je me présente, Étienne Lapointe. Je ne suis pas un éminent psychologue, mais plutôt un étudiant diplômé du secondaire au Collège Durocher Saint-Lambert, à Saint-Lambert. Je souhaite aider ceux et celles qui éprouvent certaines difficultés scolaires et qui veulent réussir, obtenir de bons résultats.

Au cours de mes cinq années de secondaire, j'ai su développer des techniques d'apprentissage, des trucs, des manières de travailler et des méthodes solides de travail qui m'ont permis d'obtenir une moyenne de 90 % et plus, et ce, pendant cinq années consécutives.

J'ai également été en mesure de trouver l'équilibre entre l'école et les loisirs. Ainsi, en juin 2002, j'ai obtenu la troisième place aux championnats canadiens de karaté avec toutes les heures d'entraînement que cela impliquait et sans pour autant négliger mes études.

Je suis convaincu que tout le monde est capable de bien réussir tout en alliant école et loisirs. Tout ce qu'il faut, c'est de connaître des trucs, suivre des conseils, adopter des méthodes d'apprentissage et de travail efficaces et stables, et surtout, d'avoir confiance en soi.

Dans les prochaines pages, je te dévoilerai tous mes secrets pour arriver à performer à l'école tout en profitant des autres facettes de la vie.

La « mission » de ce livre

Je tiens à aider tous les jeunes qui veulent réussir tant à l'école que dans les loisirs, le sport, la culture, la vie sociale, etc.

Deux possibilités s'offrent à toi

Il y a deux chemins possibles pour compléter ton secondaire.

1. Le premier consiste à peu étudier, à peu te forcer et à obtenir les résultats qui découlent de ces comportements. Certains passeront leurs cinq années ainsi, obtenant des notes passables et parfois même médiocres. Cependant, il est possible qu'ils regrettent amèrement leur choix en voyant les portes se fermer devant eux au moment de choix futurs.

2. Le deuxième, celui que tu choisiras fort probablement, consiste à étudier tout en ayant amplement le temps de t'amuser à l'extérieur des cours. Avec une méthode de travail, des trucs et un minimum de volonté, il est possible de réussir ton secondaire haut la main.

Ce qu'il te faut !

Combinés à ta volonté de réussir, les conseils et trucs fournis dans le présent livre t'outilleront pour que tu obtiennes des résultats supérieurs à la moyenne.

Il arrive très souvent qu'on ait la volonté pour réaliser un rêve, concrétiser un projet, atteindre un but, un objectif… Cependant, il manque, la plupart du temps, un petit quelque chose qui fait en sorte que nos pensées, même les plus folles, deviennent réalité.

Voici ce «petit quelque chose» qui te permettra de réussir avec brio...

Tu veux réussir?
Tu vas réussir!

 Note : Tout au long des chapitres, des pictogrammes sont utilisés pour attirer ton attention sur des points importants. Voici leur signification.

 Attention

 Pourquoi?

 Exemple

 C'est quoi?

 Comment?

Y mettre l'effort!

« Gagner n'est pas tout, mais l'effort qu'il faut fournir l'est. »

Zig Ziglar

Oui, c'est vrai que l'effort peut parfois être difficile.

Oui, c'est vrai qu'il est plus facile de ne rien faire que de travailler.

Mais penses-y bien!

C'est tellement plus agréable de fournir un certain effort pour obtenir d'excellents résultats et de réussir dans tout ce qu'on entreprend que de ne rien faire et avoir des résultats passables ou médiocres.

Et toi, qu'en penses-tu?

Ne trouves-tu pas qu'être récompensé pour tes efforts en vaut la peine?

Ne trouves-tu pas que d'obtenir de bons résultats tout en ayant des loisirs est beaucoup plus valorisant?

Bref, l'effort que tu fournis est tellement minime comparé au plaisir et au contentement ressentis par la suite...

Croire...

« Il existe une seule chose qui empêche une personne de réaliser ses rêves : croire qu'ils sont irréalisables. »

inspiré de Paul Coelho
Extrait de *Le démon et mademoiselle Prym*

Croire en l'efficacité des techniques présentées dans ce livre

Dans le présent livre, je te montrerai chacune des techniques, des trucs, des « outils » et des méthodes de travail qui ont fonctionné pour moi pendant tout mon secondaire et qui fonctionnent encore aujourd'hui.

Si ces méthodes de travail et d'apprentissage m'ont été extraordinairement bénéfiques, il ne fait aucun doute qu'elles le seront tout autant pour toi. Pourquoi? Parce qu'elles sont simples, concrètes et s'adressent à n'importe quel étudiant désireux de réussir.

Tu veux réussir? Tu tiens à ta réussite? Tu veux obtenir de bons résultats pour te permettre de faire le travail que tu souhaites faire plus tard tout en te gardant du temps pour faire autre chose qu'étudier?

C'est pourquoi je te propose toutes mes méthodes de travail. Il ne te reste qu'à croire en celles-ci!

Il est normal que tu sois un peu sceptique au début, mais une fois que tu constateras les résultats, ton opinion changera…

Une preuve?

Déjà, le fait que tu es en train de lire ces pages démontre indéniablement ton désir de réussite!

> Tu n'as pas à te demander
> si cela va fonctionner.
> Laisse le temps te le prouver!

Croire en soi!

« Croire en soi »… trois mots simples, mais combien importants. C'est primordial pour que tu réussisses ce que tu veux entreprendre.

Croire en soi, c'est se voir capable de faire quelque chose, et ce, dans n'importe quel domaine. C'est se dire : « Je suis capable, je vais y arriver ».

Croire en soi est à la base de tout… C'est cette croyance qui nous permet de travailler, de chercher, de réussir, d'étudier, d'accomplir nos rêves et de faire ce qu'on croyait impossible. Elle est à la base de toutes nos actions. « J'en ai amplement les capacités. »

Apprendre à croire en soi

Voici un truc bien simple pour parvenir à développer ta croyance en toi.

Chaque fois que tu as une pensée négative telle que « Je ne suis pas capable; je ne vais pas y arriver », empresse-toi de te dire tout le contraire! Tu dois te reprendre instantanément et dire : « Je sais que j'en suis capable, j'y arrive! »

Voici quelques exemples de situations où il est essentiel de changer ta manière de penser :

Pensée négative	devient	Pensée positive
« Je ne suis pas capable. »		« Je suis capable. »
« C'est trop difficile pour moi. »		« Cela peut prendre du temps mais j'y arriverai. »
« Je ne comprends rien à tout ceci. »		« Je cerne ce que je ne comprends pas et j'y passe un peu plus de temps. »
« Je n'y parviendrai jamais. »		« J'y arriverai. »

Il est certain que le changement ne s'effectue pas en une seule journée. Cependant, avec le temps, tu parviendras à changer ta manière de voir les choses et d'augmenter ainsi ta confiance en toi et en tes capacités.

Tu transformeras ces obstacles en propulseurs qui aideront à ta réussite personnelle!

Voici ce qui ce passera.

Confiance en soi

Réussite   Motivation   Désir de réussir

Effort

La confiance et la motivation sont
à la base de toute réussite.

Voir l'aspect positif de toute chose

« Il ne faut pas plus de temps pour voir les bons côtés de la vie que pour voir les mauvais. »

Jimmy Buffet

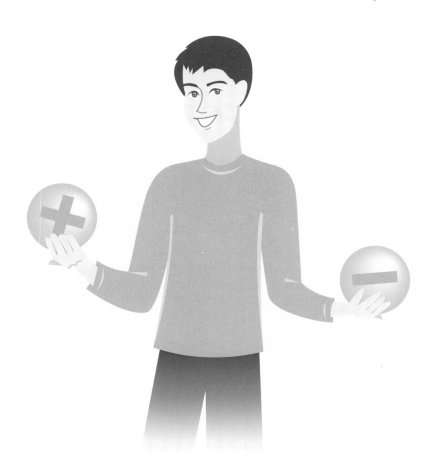

Vive l'école!

On entend souvent : « Ahhh, j'haïs l'école! » Il ne s'agit pas de tomber amoureux de l'école, mais de tout simplement la considérer telle qu'elle est.

L'école est-elle une obligation imposée par certaines personnes? Non, c'est tout le contraire.

 ### C'est quoi, l'école?

L'école est tout simplement un outil essentiel à ton cheminement personnel. Elle te donne la possibilité de voir dans quoi tu excelles et te fait découvrir tes propres champs d'intérêt.

Elle t'apporte quoi?

L'école t'apporte une éducation solide, te fait découvrir de nouveaux amis, un domaine dans lequel tu excelles, un nouveau sport, un nouveau loisir intéressant, une nouvelle passion, et plus encore…

Donc…

L'école est là pour toi… Elle est un outil dont il faut te servir adéquatement… C'est à toi d'en profiter! ☺

Si tu aimes l'école, tant mieux! Tu as déjà trouvé ta motivation. Si ce n'est pas le cas, tu dois te trouver une autre motivation à condition qu'elle soit dans les limites de l'école. Par exemple : un sport encadré par ton école, tes amis, ton petit copain ou ta copine, et plus! Laisse aller ton imagination pour trouver ta motivation. Je peux te promettre que si chaque matin tu as le goût d'aller à l'école grâce à ta motivation, tu réussiras beaucoup mieux! Aussi, si tu excelles dans ton sport ou si ta vie sociale roule comme sur des roulettes, ta confiance en toi augmentera.

Tu te dois de te trouver une raison d'aller à l'école chaque matin!

Voir le bon côté des choses

Il est très facile de voir d'abord le côté négatif d'une situation. Cependant, il faut savoir que pour chaque chose, il y a un coté positif et que si on prend bien le temps de l'identifier, la situation peut s'avérer très bénéfique.

Pourquoi? Tout simplement parce qu'on peut tirer une leçon positive de chaque situation. Tu peux par la suite utiliser celle-ci à ton avantage.

Ce qu'il faut faire

Une bonne habitude est de trouver le côté positif de chaque événement et d'oublier le côté négatif.

Ainsi, tu considères la manière dont cet événement ou cette situation peut t'être bénéfique et tu utilises ce côté positif à ton avantage.

 ### Un exemple...

Il peut arriver que l'on ait un échec dans une matière à l'école. Par exemple, en mathématiques. Lorsqu'une personne échoue dans un examen de mathématiques (ou de toute autre matière), ses premières pensées seront fort probablement négatives.

« Je ne suis pas bon en math, je ne comprends jamais rien. Ce n'est pas fait pour moi. »

Il est normal de penser ainsi à la suite d'un échec ou après un examen que l'on a trouvé difficile. Mais c'est justement ce qu'il faut éviter!

Alors...

Les pensées d'une personne en échec doivent se transformer en des pensées positives, comme celles qui suivent.

« Je sais maintenant quelle partie de la matière je comprends moins bien... Je vais donc pouvoir y consacrer plus de temps. Ainsi, je vais arriver à augmenter ma note dans le prochain examen. »

 Pourquoi?

Tu prends alors conscience que tu éprouves des difficultés. Tu cernes donc le problème et tu sais sur quoi mettre plus de temps et d'énergie pour améliorer tes résultats.

Lorsque tu vois le bon côté des choses, et que tu crois en toi, les choses se révèlent en fin de compte bénéfiques et positives car tu es capable de trouver le côté positif de chaque chose et de l'utiliser à ton avantage.

Mon expérience

Voici un exemple personnel : « À la troisième étape de ma 3e secondaire, je pensais tout comprendre en mathématiques... À l'examen, j'ai eu une note médiocre. Un peu fâché, mais surtout extrêmement déçu, j'ai néanmoins regardé le côté positif de ce qui m'était arrivé... J'ai donc travaillé davantage sur les notions de la troisième étape lors de mon étude. En juin, j'ai obtenu 96 %!

Bref!

Trouver l'aspect positif de quelque chose, c'est identifier ce que cela nous apporte de positif, et surtout, comment on peut l'utiliser à notre propre avantage.

Petite légende

La légende veut que deux hommes d'affaires, possédant chacun une usine de fabrication de souliers, étaient partis explorer une île éloignée où un peuple peu connu vivait. Le premier revint très déçu en disant aux membres de sa compagnie : « Mauvaise nouvelle… Aucun habitant de l'île ne porte des souliers ». À son tour, le deuxième homme d'affaires analysa le peuple éloigné. À son retour, il dit à sa compagnie : « Bonne nouvelle! Personne ne porte de souliers sur cette île! »

Ceci démontre très bien que le deuxième homme d'affaires a su trouver le côté positif de la situation. Pour lui, le fait que personne ne porte de souliers constituait un atout car chaque membre du peuple éloigné devrait acheter des souliers tôt ou tard.

Bref, il a trouvé l'aspect positif de la situation et l'a tourné à son avantage.

Composer avec le temps...

« Le temps est un grand maître, il règle bien des choses. »

Corneille,
Extrait de *Sertorius*

Gérer son temps efficacement

Le temps est la seule limite qui peut t'empêcher d'accomplir quelque chose. Sans cette limite, tu pourrais faire des millions d'actions en même temps! Puisque ce n'est pas le cas, il faut apprendre à gérer son temps efficacement.

 C'est quoi, gérer son temps?

C'est être en mesure de composer avec le temps qui nous est donné. Il faut savoir l'utiliser le plus adéquatement possible.

 Comment y parvenir?

Le meilleur moyen de gérer son temps intelligemment est d'établir un plan de travail.

 C'est quoi, un plan de travail?

Il existe trois sortes de plan de travail:

1. Un plan de travail mensuel (un pour le mois).

2. Un plan de travail hebdomadaire (un pour chaque semaine).

3. Un plan de travail quotidien (au jour le jour).

Un plan de travail permet de combiner plusieurs aspects puisqu'il permet de planifier les temps d'études, de sorties, de loisirs, de sports, d'examens, de congés, etc. Il est très utile.

À inclure dans chaque plan:

– chaque matière scolaire pour laquelle tu as du travail à faire;

– tes activités sportives et tes loisirs.

1. Plan de travail mensuel

Il s'agit ici de se créer un plan de travail échelonné sur un mois. Il permet donc, de manière très générale, de planifier l'ensemble du mois à venir. On le prépare généralement au début du mois. Le plan de travail mensuel peut prendre l'aspect d'un calendrier pour faciliter l'organisation.

Février 2005						
Dimanche	Lundi	Mardi	Mercredi	Jeudi	Vendredi	Samedi
	1	2 Badminton	3 Études	4	5	
6 Journée de ski	7 Oral de français	8 Badminton	9 Test de math.	10	11 Cinéma	12 Études
13	14	15 Badminton	16 Visite chez le médecin	17	18 Bowling	19 Études
20	21 Session examen	22 Session examen	23 Session examen	24 Session examen	25 Session examen	26
27	28 Congé	29 Congé	30 Congé	31 Congé		

Tu peux y inscrire des heures si tu désires être encore plus précis. De plus, tu peux personnaliser ton plan de travail mensuel en ajoutant des collants, des couleurs, des dessins, etc. Bref, tu peux rendre ton plan personnel à la hauteur de ta personnalité, en autant qu'il soit clair!

2. Plan de travail hebdomadaire

Le plan hebdomadaire est dans la même ligne de pensée que le plan de travail mensuel. Cependant, il se prépare au début de chaque semaine, soit le dimanche ou le lundi. Il permet de planifier le reste de la semaine. Les éléments apparaissant sur le plan de travail hebdomadaire sont sensiblement les mêmes que sur le plan mensuel, mais légèrement plus précis.

Semaine du 15 au 21 septembre

PÉRIODES	**15** LUNDI $\frac{9}{Jour}$	**16** MARDI $\frac{1}{Jour}$	**17** MERCREDI $\frac{2}{Jour}$
	À NE PAS OUBLIER	À NE PAS OUBLIER	À NE PAS OUBLIER
1	Français Proverbes + signer Lire beaucoup 2 livres Définition Athènes	Ens. rel. Dessin Marie Lire et signer agenda p. 149-151	Géo C. p. 61-64
2	Math Signer test multiple Examen demain instruments Géo cc p. 129 + feuille travail	Fond. L. Proverbe 2 phrases Raconter histoire Lire Athènes +Berlin	Français Agenda cartable d'Info Corriger feuille Linge éduc.
3	PD - LECTURE Anglais 5 sentences habits 5 sentences outside p. 18 ex. 8	PD - LECTURE Math Examen Anglais: 5 sentences habits 5 sentences outside	PD - LECTURE Math Étude multiple + angles cc p. 130-131 #1, 2, 3 cc p. 131-134 #1, 2, 12 Feuille de travail 4 a
4	Éco	Art Dessin d'observation	Anglais Poem
	SOIRÉE/ACTIVITÉS Étude : définitions (12) Noms polygones Transformations	SOIRÉE/ACTIVITÉS	SOIRÉE/ACTIVITÉS

18 JEUDI $\frac{3}{\text{Jour}}$	**19** VENDREDI $\frac{4}{\text{Jour}}$	PÉRIODES	**20** SAMEDI
À NE PAS OUBLIER	À NE PAS OUBLIER		
Éco Lire agenda p. 149-151	**Art** Dessin d'observation Étude p. 19-20	**1**	
Ens. rel. Dessin d'observation Étude math.	**Géo** Local 550	**2**	**21** DIMANCHE
PD - DÎNER PROLONGÉ - ACTIVITÉ	**Français** Corriger	**3**	
Français Proverbes Signer feuille Transcrire syntaxe surligner	**Math** Mini test multiplication + angles Feuille angles	**4**	OBJECTIFS HEBDOMADAIRES
Éduc.	SOIRÉE/ACTIVITÉS		
SOIRÉE/ACTIVITÉS			

Oink Oink

3. Plan de travail quotidien

Très facile et rapide à faire, le plan de travail quotidien est probablement le plus utile. Il permet de planifier sommairement
notre journée. On note ce qu'on a à faire pendant la journée.
Voici un exemple de plan de travail quotidien pour un étudiant
le vendredi.

Être organisé facilite l'étude elle-même.

Savoir étudier...
avant d'étudier!

« Je n'ai jamais entendu dire que quelqu'un ait eu des résultats sans étudier ou atteint la réalisation sans pratiquer. »

Dôgen

Étude au jour le jour

Le cerveau de l'être humain développe deux sortes de mémoire : celle à court terme et celle à long terme.

1. La mémoire à court terme

Le cerveau l'utilise pour se rappeler quelque chose rapidement, qui nous est plus ou moins utile à long terme.

 Exemple 1 : Lorsque quelqu'un te dit un numéro de téléphone et que te le composes dans les minutes qui suivent, ton cerveau utilise la mémoire à court terme. La semaine suivante, il est probable que tu ne te rappelles plus du numéro.

 Exemple 2 : Lorsque tu essaies de tout retenir par cœur la veille de l'examen, tu utilises ta mémoire à court terme. Le lendemain, tu ne te rappelles qu'une partie de la matière. Au prochain contrôle, tout est à recommencer car tu auras très probablement oublié ce que tu as étudié la fois précédente.

2. La mémoire à long terme

Le cerveau l'utilise pour se rappeler des notions pendant très longtemps. Tout ce qui y entre n'en sort plus… comme dans un coffre-fort! En d'autres mots, ce que tu retiens par la mémoire à long terme permet de « garder ces données » dans ton cerveau pendant très longtemps.

 Comment utiliser ce type de mémoire?

La réponse : l'étude au jour le jour!

Le principe de l'étude au jour le jour est simple, mais très efficace. Il s'agit tout simplement d'étudier un petit 10 minutes par soir chaque matière où il y a des notions à retenir (histoire, géographie, économie, etc.).

Probablement que tu penses déjà : « Ahhhh! 10 minutes, c'est long!!! »

Au début, il est vrai qu'il peut être difficile de se motiver à le faire chaque soir.

Cependant, essaie de le faire pendant deux à trois semaines... Tu verras comme ça devient facile... Et si tu doutes encore... attends de voir les résultats, cela saura te convaincre.

Comment procéder?

Il s'agit de tout simplement étudier tes notes de cours ou manuels scolaires du lundi au jeudi soir pendant 10 minutes. Après ce laps de temps, tu peux poser un petit *post-it* à l'endroit où tu es rendu dans ton étude. Le lendemain, tu sauras où reprendre.

Lorsque tu arrives à la fin du contenu dans une matière, tu reprends depuis le début.

En fonctionnant ainsi, tu utilises ta mémoire à long terme. Elle te permet de te rappeler de notions pendant très longtemps, ce qui facilite l'obtention d'excellents résultats aux examens.

Résultats?

Avec cette méthode, tu n'oublies jamais ce que tu as étudié au début de l'année. Lors des examens récapitulatifs, tu n'as pas besoin de te casser la tête pour tout retenir ce que tu as vu il y a très longtemps. Toutes les notions sont encore enregistrées dans ta mémoire.

Ceci te permet donc d'avoir des résultats incroyables aux examens!

Mon expérience

J'ai essayé cette méthode pour la première fois dans mon cours d'histoire. À la première étape, j'avais trouvé très difficile d'apprendre toute la matière une semaine avant l'examen... et même la veille! J'avais d'ailleurs obtenu une note médiocre.. Je me suis donc motivé à faire 10 minutes d'histoire par jour. Résultat? Ma note à la deuxième étape: 96 %, à la fin de l'année: 100 %.

J'ai fait part de ce truc à un ami, qui a obtenu 97 % à la fin de l'année.

J'en ai profité, mes amis en ont profité... tu peux en profiter également.

J'ai eu un professeur qui appelait ça « À dix minutes du succès ». Jamais un prof n'aura tant eu raison!

Tu peux même transcrire les points les plus importants à retenir sur de petites fiches. Ainsi, tu peux réviser très rapidement et n'importe où la matière en question; dans l'autobus, par exemple!

Les moyens mnémotechniques

 C'est quoi, les moyens mnémotechniques?

Les moyens mnémotechniques sont des enchaînements, des expressions, ou des formulations qui favorisent l'apprentissage et facilitent la mémorisation.

▲ Des exemples

1. Pour se rappeler l'ordre des planètes à partir du soleil, on utilise la phrase suivante: « Mon vieux, tu m'as jeté sur une nouvelle planète. »

Où: M = Mercure
    V = Vénus
    T = Terre
    M = Mars
    As = Astéroïdes (ceinture d')
    J = Jupiter
    S = Saturne
    U = Uranus
    N = Neptune
    P = Pluton

L'ordre des planètes à partir du soleil est donc = Mercure, Vénus, Terre, Mars, Ceinture d'astéroïdes, Jupiter, Saturne, Uranus, Pluton.

2. Pour se rappeler les rapports trigonométriques en mathématiques 436 et les cours suivants, on utilise l'expression SOHCAHTOA.

SOH : Sinus $= \dfrac{\text{Opposé}}{\text{Hypothénuse}}$

CAH : Cosinus $= \dfrac{\text{Adjacent}}{\text{Hypothénuse}}$

TOA : Tangente $= \dfrac{\text{Opposé}}{\text{Adjacent}}$

Tu peux inventer toi-même des expressions ou des phrases qui t'aideront à retenir une information dans la matière que tu veux.

Il est tellement plus facile de retenir la matière avec des moyens mnémotechniques!

Où étudier?

Tu dois faire tes devoirs dans un endroit qui favorise l'apprentissage.

Quels endroits sont les meilleurs?

Tu devines certainement qu'étudier devant la télévision, dans la cuisine lorsque tes parents préparent le souper, ou encore dans la chambre de ton petit frère lorsqu'il construit une armée avec des blocs LEGO n'est vraiment pas idéal.

Le mieux, c'est de t'installer dans un coin tranquille, seul, où tu peux te concentrer à ton maximum. Ta chambre peut être l'endroit parfait! De plus, si tu aimes la musique et qu'elle t'aide à te concentrer, tu peux en écouter pendant que tu fais tes devoirs, ce sera plus motivant pour toi.

 Attention! Ta chambre peut contenir des sources de distraction. Par exemple, le fait d'avoir un téléphone ou encore un ordinateur dans ta chambre peut être nuisible à ton étude. Essaie, si possible, de ne pas les avoir à ta portée. Comme ça, la tentation sera moins forte de les utiliser!

Voir «boufeurs de temps», p. 41.

L'important c'est de se sentir à l'aise dans ton lieu de travail et de pouvoir t'y concentrer à 100 %.

Faire ses devoirs au soir le soir

 C'est quoi, faire ses devoirs au soir le soir?

C'est simplement de faire tous les devoirs que tu as reçus pendant la journée le soir-même.

 Exemple

Si tu as un devoir de mathématiques et de français le lundi, il est important de les faire les deux le lundi soir et de les finaliser, s'il y a lieu, le mardi matin.

 Pourquoi?

Car fonctionner ainsi t'apportera beaucoup d'effets bénéfiques.

- De cette façon, tu n'accumules aucun retard. Tous tes devoirs à remettre aux prochains cours seront déjà faits.

- Tu ne te retrouves jamais avec une montagne de devoirs à faire pour le lendemain.

- Il te reste du temps libre pour la fin de semaine.

- Cela te permet de faire face à l'imprévu. Ainsi, si un « party » se décide à la dernière minute la fin de semaine, tu pourras y aller avec la conscience tranquille puisque tout ce que tu avais à faire est déjà fait!

Établir un ordre de priorité

Établir un ordre de priorité vise à classer les choses à faire, allant du plus urgent au moins urgent. Cela te permet de savoir par où commencer.

Pour établir ton ordre de priorité, tu peux tenir compte des facteurs suivants :

– La date de remise de chaque travail, devoir, recherche ou examen.

   Tu commences par ce qui est le plus urgent. Ensuite, tu fais les autres choses, toujours en ordre d'urgence. Tu peux même décider de prendre de l'avance si tu veux.

– La quantité de travail qu'il te reste à faire dans chaque matière.

   Si tu sais qu'il te reste beaucoup de choses à faire dans une matière, tu peux commencer par celle-ci pour être sûr d'avoir le temps de la terminer.

– Si tu éprouves de la difficulté dans une matière, tu dois commencer par celle-ci car ton cerveau est à sa pleine capacité lorsque tu commences à travailler, et non pas trois heures après... Ainsi, il te sera plus facile de comprendre et d'assimiler ce que tu trouves plus difficile.

Être attentif = la majeure partie de ton étude est faite!

 C'est quoi, être attentif?

- C'est tout simplement être à l'écoute durant les cours.

- C'est assimiler ce que le professeur dit.

- C'est faire les exercices demandés pendant les cours.

- C'est poser des questions quand tu ne comprends pas.

Il arrive fréquemment que le professeur attribue à la fin de son cours un certain nombre de minutes pour commencer un devoir. Profites-en! Au lieu de jaser, tu peux t'avancer dans ton devoir! Ainsi, une grosse partie du travail sera faite. Le soir, à la maison, il te reste du temps pour travailler sur autre chose, ou encore pour faire du sport ou sortir!

Mon expérience

Chaque fois que le professeur nous donnait du temps en classe pour commencer un devoir, j'essayais de faire le plus de numéros possible pendant le temps alloué. Ainsi, le soir, j'étais moins serré dans mon horaire et cela me permettait d'aller faire du karaté sans avoir à me préoccuper des devoirs.

 Pourquoi?

En écoutant attentivement pendant les cours, tu fais presque la moitié de ton étude… sans même te forcer!

- Tu écoutes quelqu'un parler… et cela constitue ton étude. Quoi de plus merveilleux?

- En participant activement en classe, de nombreux liens se forment dans ton cerveau et tu comprends mieux la matière.

Faire ce qu'on aime moins... en premier!

C'est tout simplement un truc qui permet d'alléger tes devoirs...

 Comment?

Tu commences par la matière pour laquelle tu as peu d'intérêt avant celles que tu apprécies.

 Pourquoi?

Tu t'enlèves de la tête l'idée qu'il te reste à faire quelque chose que tu n'aimes pas après avoir terminé ce que tu es en train de faire. Tu ne penses plus à : « Ah! Après, il me reste encore cela à terminer... ».

Tes pensées se transforment en : « Génial! Après cela, j'ai terminé ce que j'aime un peu moins. Il me reste seulement ce que j'aime! »

C'est exactement comme manger ce qu'on aime moins dans notre assiette au début du repas pour mieux savourer ce qu'on trouve délicieux.

Prendre des petites pauses

Travailler pendant de longues heures devient pénible pour le cerveau. Fatigué, il ne parvient plus à offrir un rendement maximal. On perd donc beaucoup de notre productivité. En d'autres termes, une tâche qui pourrait nous prendre cinq minutes à accomplir peut alors prendre de 15 à 20 minutes. On perd beaucoup de temps et d'énergie lorsqu'on travaille sans relâche pendant trop longtemps.

Solution! Prendre de petites pauses de **10 à 15 minutes** pour environ chaque heure de travail.

De courtes pauses te sont très bénéfiques car elles permettent à ton cerveau de se reposer. De retour en action, ton cerveau est nettement plus en mesure de penser, de réfléchir, de mémoriser, de chercher, de comprendre, d'analyser, de concevoir, etc.

Des petits trucs pour revenir étudier après ta pause...

– Tu écoutes la télévision pendant ton temps d'arrêt? Enregistre le reste de l'émission et écoute-la pendant les pauses suivantes.

– Tu veux manger une collation? Laisse-la sur ton bureau avant de commencer ta pause. Pour la manger, il faudra nécessairement que tu reviennes à ton bureau...

– Tu peux aussi te chronométrer! Tu sais alors que pendant les 10 prochaines minutes, tu peux faire tout ce que tu veux... sauf étudier!

Attention aux bouffeurs de temps!

 C'est quoi, des bouffeurs de temps?

L'ordinateur et le téléphone sont ce qu'on appelle des «bouffeurs de temps». En effet, il est très fréquent d'y passer plus de temps que l'on devrait. Par exemple, au lieu de parler ou de «chatter» 10 minutes, on le fait pendant 30 minutes!

 Comment éviter ce problème?

Tu veux parler à un ami au téléphone? Dis-lui avant de commencer que tu as seulement 10 à 15 minutes pour lui parler, pas plus!

Tu veux «chatter»? Tu peux prévenir les gens avant de commencer que tu n'as que 10 minutes à passer sur le Net. Tu peux même mettre dans ton «nom» virtuel le message suivant: «10 minutes de chattage, pas plus!»

Comme ça, tout le monde est au courant que tu es en pause et comprendra lorsque tu auras à partir.

Si tu as à «chatter» dans le cadre d'un travail…

Si tu dois utiliser le programme de clavardage, pour un travail d'équipe, par exemple, tu peux te mettre en mode «occupé» et indiquer dans ton nom « … – travail de français». Tes contacts savent ainsi que tu travailles et qu'il ne faut pas te déranger.

Apprendre à prendre des notes de cours

« De tous petits faits bien choisis, importants, significatifs, simplement circonstanciés et minutieusement notés, voilà aujourd'hui la matière de toute science. »

Hippolyte Taine
Extrait de *L'intelligence*

La prise efficace de notes de cours

La prise de notes de cours est essentielle... si tu tiens à pouvoir t'en servir ultérieurement! Tes notes de cours peuvent te fournir des renseignements extrêmement utiles, et ce, rapidement... si tu sais les prendre adéquatement!

Peut-être que certains de tes profs distribuent dans tes cours des notes trouées où tu n'as qu'à remplir certains espaces. Cependant, il n'en sera pas toujours ainsi! Il faut donc que tu sois capable de prendre tes propres notes de cours, de manière ordonnée! Pas de panique, c'est simple et facile!

 Comment?

– Structure tes notes de cours. En d'autres mots, tu dois les prendre de manière ordonnée et schématique. Un bon moyen d'y arriver est d'écrire le sujet principal de la section, pour ensuite décaler vers la droite chacun des sous-sujets s'y rattachant.

– Écris de courtes phrases afin d'alléger la prise de notes. Des mots courts et précis peuvent tout dire! Tu peux aussi utiliser des abréviations.

La page suivante présente des notes de cours peu ordonnées et un esprit de synthèse... quelque peu absent ☺ et un autre exemple de notes efficaces et ordonnées.

Notes de cours d'histoire inefficaces

2.2.2 Militarisation des pays

Résignation : Puisque tous les états se résignent à garde, il ne fait plus aucun doute que la guerre est inévitable.

Ceci cause donc une course effrénée aux armements. En effet, on assiste à une augmentation massive des armes, un nombre accru de recrutements d'hommes pour les faire soldats et une hausse incroyable des budgets de guerre et des impôts qu'a à payer la population.

De plus, les dirigeants militaires deviennent beaucoup plus puissants que les dirigeants politiques. Ce sont désormais ceux-ci qui prennent les décisions.

Aussi, on assiste à l'élaboration de plans de guerre, tel le Plan Schlieffen mis au point par l'Allemagne. Leur plan consistait en résumé à tout simplement prendre Paris en 60 jours, puis d'attaquer la Russie.

Notes de cours d'histoire efficaces et ordonnées

2.2.2 Militarisation des pays

A) *Résignation :* ➤ Tous les états se résignent à la guerre.
➤ Guerre inévitable.

B) *Résultats :* 1) Course aux armements.

Aug. ➤ armes
➤ soldats
➤ budgets
➤ impôts

2) Dirigeants militaires : + puissants que dirigeants politiques.

3) Élaboration de plans de guerre.
1er plan : Plan Schlieffen (Allemagne)
Prendre Paris en 60 jours, puis Russie.

Pourquoi prendre tes notes ainsi?

- C'est économique : tu perds moins de temps.

- C'est pratique : c'est beaucoup plus facile à étudier.

- C'est plus clair : une écriture schématique est plus claire que de longs paragraphes.

- C'est complet : tu as toute la matière qu'il te faut pour étudier de façon claire et précise.

L'utilisation d'abréviations

Les filles ont définitivement plus peur de manquer d'informations que les garçons. En général, les filles prendront tout en note tandis que les garçons en prendront le strict minimum. Il faut trouver une solution qui se situe entre les deux!

 Comment faire pour noter tout ce qui est nécessaire, rapidement?

 Quand tu « chattes » tu utilises beaucoup d'abréviations pour économiser du temps.

Tu peux faire la même chose dans tes notes de cours!

Voici quelques exemples d'abréviations courantes:

Même: m̂	Augmentation: ↑
Dans: **ds**	Diminution: ↓
Définition: **def**	Parce que: **pcq**
Difficulté/difficile: **diff**	Pourquoi: **pq**
Aucun: Ø ,	Référence: **rf. ou réf.**
Un, deux, trois: **1, 2, 3,...**	Beaucoup: +++
De moins en moins: **de – en –**	Plus petit que: <
De plus en plus: **de + en +**	Plus grand que: >
Toujours: **tjrs**	Important: ⚠
Vraiment: **vrmt**	Conclusion: ∴
Vers: —>	Parallèle: //
Cellule: ₵	Perpendiculaire: ⊥
Fin de semaine: **fds**	*Penis: 8- - - D*

Personnalisation de tes notes de cours

On est tous pareils: on aime les choses qu'on comprend et qui nous « ressemblent ». → *notes personnelles*

Il est donc très sensé que tu personnalises tes notes de cours à ton goût.

 Comment procéder?

Tu peux utiliser des crayons de couleurs, des symboles, des caractères spéciaux, des abréviations.

 Attention! Il est important de toujours utiliser le même code de couleurs. → *Tjrs le m̂*

 Exemple

Tu peux surligner en jaune les définitions, mettre en rouge les choses à ne pas oublier, en vert les exemples, etc.

Pourquoi?

Ceci t'aidera à te retrouver encore plus vite.

Dès que tu verras une couleur, un symbole, ou tout autre élément propre à ton « code », tu sauras à quoi cela réfère.

De plus, retravailler tes notes pour les personnaliser constitue une partie de ton étude!

Si tu en veux plus

Tu peux personnaliser aussi tout ton environnement de travail : ton agenda, tes « cahiers à anneaux », tes cahiers, ton bureau, etc.! Tu te sentiras plus à l'aise le nez dans quelque chose qui te ressemble!

 Attention ! Ne perds pas trop de temps à personnaliser tes notes de cours! Il est vrai que cela peut être divertissant pour certains, et il est aussi vrai que cela facilite l'étude, mais il ne faut pas que tu perdes trop de temps à le faire. Utilise ce temps-là pour faire d'autres travaux, ou encore faire du sport.

Fais attention aussi de ne pas perdre l'essentiel et de te noyer dans les détails. La personnalisation de tes notes de cours est là pour t'aider, non pas pour te nuire!

Mon expérience

J'ai eu une amie qui changeait de couleur de crayon chaque fois qu'elle changeait de ligne dans son cahier! Résultat? Elle perdait un temps fou, il lui manquait bien souvent de l'information car elle n'avait pas le temps de tout prendre en note... et ses notes étaient tellement difficiles à suivre! À éviter!

Être en bonne forme, une des clés du succès

« Un esprit sain dans un corps sain. »

Juvénal
Extrait de *Satires*

Se coucher à une heure raisonnable

Tout le monde sait que le cerveau a besoin de repos et que le sommeil est le meilleur moyen d'arriver à satisfaire ce besoin.

 Pourquoi?

Un cerveau réveillé (qui a eu assez de sommeil) travaille mieux, comprend plus rapidement, est plus efficace, décode plus facilement, fait les connections plus aisément, etc.

Il est recommandé de dormir entre 8 et 10 heures par nuit.

Quand on manque de sommeil, le cerveau éprouve de la difficulté à fonctionner à un rythme normal. Par contre, dormir suffisamment amène le cerveau à être plus apte à travailler adéquatement.

Bien sûr, on peut faire des entorses à la règle les fins de semaine et lors d'occasions spéciales! ☺

L'étude le matin

 C'est quoi, l'étude le matin?

C'est là un excellent moyen de travailler avec un cerveau « en pleine forme ». On peut terminer le matin ce qu'on a pas eu le temps de finaliser la veille.

 Pourquoi?

Le soir, on est souvent très fatigué de notre journée. Le matin, c'est le contraire puisqu'on a fait le plein d'énergie pendant notre sommeil.

Rendu à 22 h ou 23 h, on peut s'acharner très longtemps sur une notion ou un problème car notre cerveau est fatigué. Le matin suivant, ce même obstacle nous paraît beaucoup moins important car notre cerveau est en pleine forme et apte à travailler.

Donc…

Il est préférable de finir le lendemain matin les devoirs ou les études non terminés la veille, plutôt que de les ajouter aux travaux du soir suivant.

Demander de l'aide, quoi de plus important?

« Après le verbe "aimer", "aider" est le plus beau verbe du monde. »

Baronne Bertha von Suttner,
Extrait de *Épigramme*

Personne ne peut réussir seul. Même Bill Gates, n'a pas créé son empire seul. Pour parvenir à être ce qu'il est aujourd'hui, il a eu la chance de travailler avec Paul Allen, avec qui il a créé le géant Microsoft.

Tu vois, **tout le monde a le droit** de demander et de recevoir de l'aide.

Savoir trouver les personnes-ressources

Quand dois-tu demander de l'aide?

Dès que tu éprouves un problème, une difficulté, il est essentiel que tu demandes de l'aide.

N'attends jamais pour solliciter de l'aide.

Ne reporte jamais à plus tard quelque chose d'incompris. Demande tout de suite de l'aide.

Si tu te dis: «Ah, ce n'est pas grave! Je demanderai à quelqu'un plus tard», il est très probable que tu oublies de demander des explications.

 ### Pourquoi ne dois-tu pas attendre pour demander?

Ce qui est incompris restera toujours incompris. Ainsi, les prochaines notions, plus complexes, te seront très difficiles à saisir car tu ne maîtriseras pas la base à 100 %.

Avec le temps, une montagne de questions s'accumulera. C'est pourquoi il est absolument essentiel de trouver des réponses à tes interrogations dès qu'elles se présentent.

Comment faire pour ne pas oublier ce qu'il faut demander?

Lorsque tu ne comprends pas quelque chose, tu peux tracer un gros point d'interrogation vis-à-vis de la notion incomprise.

Aussi, tu peux coller un petit aide-mémoire (type *post-it*) sur le rebord de la page à l'endroit où tu as une question. Tu peux même l'écrire sur le papier.

Où trouver de l'aide?

Il y a sans aucun doute des personnes dans ton entourage qui sont en mesure de te fournir de l'aide, de t'aider à comprendre ce qui te cause problème.

Penses-y...

- ton père;
- ta mère;
- ton ou tes frères;
- ta ou tes sœurs;
- tes amis;
- ton tuteur;
- ton amoureux ou amoureuse;
- tes professeurs;
- un centre d'aide à l'école;
- un centre municipal d'aide aux devoirs;

ou toute autre personne-ressource.

 Comment ne pas oublier les « personnes-ressources »?

Tu peux te constituer un carnet d'adresses comprenant les noms et numéros de téléphone de tes « personnes-ressources ».

Tu seras en mesure de les contacter sans avoir à chercher long-temps. Un simple carnet d'adresses de personnes-ressources et le tour est joué!

Tu peux aussi classer ton carnet par ordre alphabétique, ou encore par matière. Par exemple, à la section mathématique, tu as les numéros de toutes les personnes pouvant t'aider en mathématiques.

Les centres d'aide aux devoirs

 C'est quoi, un centre d'aide et où puis-je en trouver un?

Un centre d'aide est un endroit où l'on retrouve plusieurs professeurs compétents offrant leur aide aux jeunes dans n'importe quelle matière. À l'école, tu peux te rendre sur place s'il en existe un.

Tu peux rejoindre le centre municipal d'aide aux devoirs par téléphone, et même, dans certains cas, par Internet. Tu peux trouver les numéros de téléphone dans le guide municipal de ta ville, ou en faisant une petite recherche dans Internet, ou encore en t'informant à ton école.

Mon expérience

Au cours de ma 5ᵉ secondaire, j'ai appris l'existence d'un centre d'aide appelé « Allo-Prof ».

Gratuitement, un professeur (chacun est spécialisé dans une matière) répondait aux questions des élèves sans se soucier du temps que cela pouvait nécessiter pour chacun. Un service vraiment exceptionnel…

Au début, j'étais moi-même hésitant à appeler. Mais bien vite, j'ai compris que ce centre d'aide ne pouvait que m'être utile. Par la suite, chaque fois que j'éprouvais de la difficulté avec une notion quelconque et qu'aucun de mes contacts ne parvenait à m'éclairer sur ce sujet, je composais le numéro du centre d'aide…

Au début, mes amis trouvaient cela bien drôle que j'utilise ce service. Bien vite, ils ont réalisé l'utilité du centre d'aide et se mirent à appeler eux aussi!!!

J'ai reçu beaucoup de remerciements car c'était vraiment une aide formidable pour tout le monde!

Pour ceux qui préfèrent le Net

Peut-être es-tu gêné de parler à un professeur par téléphone. Une autre approche te conviendra!... celle du Net! Il existe en effet quelques sites, par exemple www.jereussis.com, où tu peux communiquer avec un professeur par Internet.

À toi de choisir ce qui te convient le mieux.

Bref!

Dès que tu ne comprends pas quelque chose, contacte une ressource. Surmonte ta gêne ou ta peur! La première fois est toujours la plus difficile! Les autres fois se feront comme un rien!

Vas-y! Essaye-le! Gageons que tu vas en parler à d'autres personnes…

Les professeurs sont là pour toi!
Profites-en, ils t'attendent!
Ils sauront tout t'expliquer!

Gérer son stress, une affaire de taille

« Craignez les anxieux, le jour où ils n'auront plus peur, ils seront les maîtres du monde. »

Tonino Benacquista
Extrait de *Quelqu'un d'autre*

Le stress

Au cours de notre vie, il est inévitable de traverser des périodes de stress. Par exemple, une session d'examens. En effet, une session d'examens peut en stresser plus d'un!... Et c'est normal!

Cependant, il faut être en mesure de tourner le stress à notre avantage.

 Comment?

Tout d'abord, il faut savoir qu'il existe deux sortes de stress: le stress négatif et le stress positif.

Le stress négatif

C'est celui qui t'empêche de faire quelque chose, celui qui te nuit.

Tu te dis: «Ah non, une autre session d'examens! Je sais que cela va être vraiment difficile et épuisant».

Le stress négatif est très souvent responsable des maux d'estomac, des maux de tête, des tics nerveux, etc.

Le stress positif

C'est celui qui te motive à accomplir quelque chose.

Tu te dis: «Excellent! Il me reste encore deux semaines avant la session d'examens. Je dois donc continuer à étudier et ne pas lâcher!»

Le stress positif t'encourage, te motive, te donne de l'énergie.

Le stress positif a les mêmes effets que l'adrénaline que te procure la pratique d'un sport.

Passer du négatif au positif!

C'est important de transformer ton stress négatif en stress positif. Chaque fois que le stress négatif fait son apparition, tu dois immédiatement le convertir en stress positif. Ainsi, il ne t'empêche plus de faire quelque chose. Au contraire, il te motive, il t'amène à être productif.

Il faut que tu tournes le stress à ton avantage. Il ne faut pas qu'il t'apparaisse comme un obstacle, mais bien comme une source de motivation...

 Comment faire?

Un excellent moyen d'éliminer ton stress négatif est de faire de l'activité physique, de pratiquer un sport que tu apprécies.

 Pourquoi?

Cela te fait dépenser de l'énergie et tu oublies une très grande partie des contraintes extérieures, c'est-à-dire tout ce qui pourrait te paraître stressant.

Tout cela est mis de côté pendant un certain moment.

Mon expérience

Même pendant mes sessions d'examens, je me gardais du temps pour faire du karaté. Ça m'aidait à éliminer le stress négatif qui m'aurait empêché de me concentrer. Je planifiais donc mon horaire en conséquence.

Avoir un mode de vie équilibré

 Pourquoi?

Faire du sport ou toute autre activité, comme jouer un instrument de musique, dessiner, faire de la peinture, est bénéfique pour ta santé, ton stress, et par conséquent, pour tes résultats scolaires.

En effet, lorsque tu fais des activités autres qu'étudier, tu libères ton esprit momentanément de toutes préoccupations, scolaires ou autres. Ainsi, lorsque tu es de retour à l'étude, ton cerveau est « frais et dispo » pour étudier.

C'est pourquoi...

Il est important de te garder du temps pour faire une activité que tu aimes... et aussi d'être actif pendant ces heures-là! Non pas de rester assis sur le sofa à regarder la télévision!!!

De plus...

Faire du sport ou t'adonner à un loisir que tu aimes te procure des effets bénéfiques si cela t'aide à te motiver et à te stimuler. Cependant, le sport peut nuire à tes études s'il est pratiqué à l'excès... Il faut donc que tu sois en mesure de trouver le juste milieu pour ta personne, c'est-à-dire l'équilibre entre les études et ton activité.

Faire tes propres choix... tout ce qu'il y a de plus important!

« La seule liberté, c'est de choisir son destin. »

Claire de Lamirande

Comme le dit si bien le dicton, «Tous les goûts sont dans la nature». Il est totalement plausible que ce qu'aime une personne ne plaise pas à une autre.

Faire ce qu'on aime

 C'est quoi, faire ce qu'on aime?

Il arrive parfois que des adultes te conseillent sur des décisions que tu devrais prendre. Par exemple : «Tu devrais aller en sciences, ça ouvre toutes les portes…». On ne peut pas les blâmer pour ce qu'ils te suggèrent car ils ne souhaitent que le meilleur pour toi. Cependant, il faut leur expliquer que tel cours ne t'intéresse pas alors que tel ou tel autre t'intéresse.

En d'autres mots, chaque fois que tu as à choisir un cours ou un programme d'études, il est essentiel de choisir celui qui t'attire, et non celui que les autres te poussent à prendre. Par contre, il ne faut pas oublier que la discussion avec des adultes ou autres personnes peut t'aider à faire un choix éclairé. Mais la décision t'appartient…

Il importe aussi que tu sois très bien informé sur les cours et programmes parmi lesquels tu dois choisir. Pour ne pas avoir qu'une image nébuleuse des options qui s'offrent à toi mais bien en avoir une idée claire et précise, tu peux te renseigner auprès de ta famille, d'un conseiller ou d'une conseillère d'orientation. Tu peux aussi lire attentivement l'annuaire de cours ou encore aller passer du temps avec une personne qui exerce le métier que tu songes à choisir. Bref, ce qui est primordial, c'est que tu sois bien informé!

 Pourquoi?

Tu auras beaucoup plus de motivation à étudier dans une matière ou un programme que tu as choisi et que tu aimes. Tu réussiras mieux puisque tu apprécieras ce que tu as à étudier.

Mon expérience

J'ai connu beaucoup de personnes qui, en 5e secondaire, ont pris l'option chimie-physique parce que leurs parents ou d'autres personnes leur avaient conseillé de faire ce choix. Cependant, ce n'était pas leur propre choix. Résultat : un surprenant nombre d'entre eux ont soit obtenu des notes médiocres, soit échoué leur cours ou les ont carrément abandonnés. Ils n'étaient pas intéressés par la matière, alors ils ne fournissaient que peu ou même pas du tout d'efforts. Naturellement, les notes étaient le reflet des efforts fournis.

Un autre exemple

Un de mes amis dans une autre école a décidé de ne pas prendre les cours de chimie et de physique en 5e secondaire car il n'avait pas aimé son professeur de sciences physiques en 4e secondaire. En agissant ainsi, il avait oublié ce qui l'intéressait vraiment : les sciences. Il a négligé ce qu'il appréciait uniquement parce que le prof lui déplaisait... Aujourd'hui, il le regrette sûrement un peu !

Donc...

Il est primordial que tu choisisses les cours ou les programmes qui t'intéressent le plus. Renseigne-toi le mieux possible sur les cours offerts et ne te laisse pas influencer par certaines circonstances (par exemple un prof qui te déplaît...).

Trucs et asctuces

« Tous ceux qui sont habitués au succès sont plein d'astuce [...] »

Nietzsche

Trucs et astuces pour réussir les examens

Il existe une façon de te préparer pour les examens, mais il existe aussi une façon de répondre aux questions des examens.

Truc 1

> Dans les examens de réflexion, calculs, problèmes à développement (mathématiques, chimie, physique, sciences physiques, etc.).

Tu fais l'examen une première fois. Réponds à toutes les questions auxquelles tu crois connaître la réponse.

Reviens ensuite aux questions ou aux problèmes que tu avais sautés, ceux qui te semblaient difficiles à première vue. Tu dois d'attarder aux questions plus difficiles à la fin, car il est très important d'aller chercher le maximum de points avec les réponses dont tu es certain.

Refais l'examen une deuxième fois rapidement, mais toujours de façon rigoureuse. Ensuite, tu compares tes nouvelles démarches et tes réponses avec celles inscrites auparavant. Tu apportes les corrections s'il y a lieu.

 Pourquoi?

Ce principe te permet de découvrir des erreurs que tu aurais pu faire en faisant l'examen une première fois.

Profites-en!

Truc 2

Dans les productions écrites...

Les productions écrites servent à évaluer ton style de composition, pour vérifier si tu écris des phrases structurées, si tu utilises un vocabulaire recherché, si tu suis une logique de développement d'idées, etc. Il est difficile de rédiger un texte qui répond à ces attentes sans avoir quelque chose sur quoi se baser.

 Comment devenir meilleur en productions écrites?

En lisant des livres, des romans, des bandes dessinées, des revues, des articles, et autres, car en lisant, tu découvres de nouvelles structures de phrases, de nouveaux mots de vocabulaire, de nouveaux procédés d'écriture, etc. Ainsi, tu t'améliores sans même te forcer!

Lis des textes et des livres qui t'intéressent, qui soulèvent ton intérêt. Un petit 10 à 15 minutes de lecture par jour produit des résultats incroyables. Ton style de composition va grandement s'améliorer en lisant des textes que tu aimes.

Où et quand lire?

Tu peux lire chaque fois que tu as le temps de lire ou que tu es dans un endroit propice pour lire.

Par exemple, tu peux lire :

- en attendant chez le dentiste, ou chez le médecin;
- dans l'autobus (si tu es capable de te concentrer assez pour bien comprendre ce que tu lis);
- lorsque tu as un moment de libre;
- tout autre endroit ou moment où tu te sens à l'aise de lire.

L'idéal est de lire avant de te coucher. Cela te permet de « t'évader » dans un autre monde. Tu oublies ainsi le stress de ta journée et te prépare à un bon sommeil.

Mon expérience

Ma moyenne en production écrite était d'environ 62 %
en 4e secondaire. Je me suis donc mis à lire des romans
qui m'intéressaient pendant 10 à 15 minutes avant de me
coucher. Résultat? J'ai obtenu 92 % en 5e secondaire dans
cette matière!

Lire à l'envers tes compositions!

Un simple conseil qui fonctionne à merveille est de lire à l'envers ton texte une fois qu'il est écrit... Une explication s'impose...

 C'est quoi, lire à l'envers?

Le truc consiste tout simplement à corriger ton texte en le lisant à l'envers. En d'autres mots, tu commences par lire la dernière phrase puis tu remontes, phrase par phrase, jusqu'à la première phrase du texte. Tu t'arrêtes à chaque phrase pour voir s'il n'y a pas d'erreurs de grammaire, de syntaxe, d'orthographe, etc.

 Pourquoi?

Tout simplement parce que relire et essayer de corriger le texte dans l'ordre qu'on l'a écrit ne permet pas une correction appropriée. En effet, lorsque tu corriges ton texte en le lisant normalement, tu peux parfois sauter par-dessus plusieurs erreurs, car tu t'habitues à lire ton texte... et tes fautes!

En lisant à l'envers, la lecture devient plus saccadée. Il t'est alors beaucoup plus facile de te concentrer sur chaque phrase et de corriger les fautes d'orthographe, de syntaxe, de grammaire, etc.

Résultat?

En procédant ainsi, tu récupéreras facilement plusieurs fautes, parfois choquantes.

> Note : Ce truc s'applique spécialement aux fautes d'orthographe d'usage, d'accords de verbes, de noms, d'adjectifs. Cependant, si tu veux corriger l'ensemble de ton texte, vérifier que tout est cohérent et logique, que les idées se suivent, il est préférable que tu le lises normalement...

Truc 3

Les réponses sont dans l'examen!

Titre assez paradoxal, n'est-ce pas? Cependant, il exprime clairement le prochain truc dont il sera question.

 Qu'est-ce que cela peut bien vouloir dire?

Pour les examens portant sur des connaissances générales telles l'histoire, la géographie et l'économie, tu retrouves parfois les réponses à certaines questions dans l'examen lui-même.

 Comment procéder?

Il t'est possible de répondre à certaines questions en utilisant des données déjà fournies dans l'examen lui-même.

En effet, tu peux trouver des indices, des mots ou des données pour t'aider à répondre à certaines questions.

 Exemple

Voici un exemple dans un examen de géographie où il te serait possible d'appliquer ce truc.

Question n° 3 : Outre les mines de Murdochville, situées au Québec, dans quelle autre province canadienne retrouve-t-on des mines de cuivre?

Question n° 21 : Vrai ou Faux
On retrouve des mines de cuivre dans la province de Québec.

La réponse à la question n° 21 est donc bien simple à trouver : elle est donnée dans la question n° 3 de l'examen.

En effet, on sait que Murdochville est une ville du Québec. Alors, si la question n° 3 nous dit que les mines de cette ville produisent du cuivre, il va de soi que la réponse à la question n° 21 est « vrai ».

> Note : Il n'est pas toujours évident de dénicher ces réponses cachées. Il faut garder l'œil ouvert!

Cependant, ne perds pas de temps à essayer de trouver ces indices! Concentre-toi plutôt sur l'examen! Ce truc n'est qu'un petit bonus!

Autres trucs

Fais tes examens au crayon à la mine quand tu peux. Ce sera plus facile d'effacer ton erreur si tu te trompes.

Surligne tes réponses dans les numéros à démarche pour qu'elles soient évidentes. Ça fait propre et organisé!

N'aie pas peur de poser des questions lorsque tu n'es pas sûr de la signification d'un mot ou d'une question. Le pire qui peut t'arriver, c'est que le professeur ne puisse pas répondre. Au mieux, il t'aidera!

Trucs et astuces pour réussir un travail d'équipe

Il peut arriver que le professeur vous demande de vous placer en équipe de deux, trois, quatre et parfois même cinq élèves pour faire un travail*. Il n'est pas toujours facile de travailler en équipe. Toutefois, avec un peu de rigueur, tes coéquipiers et toi peuvent économiser du temps. Voici quelques trucs qui te permettront de faire un travail d'équipe efficace.

Choisir son équipe

Si tu ne veux pas te trouver à faire le travail tout seul, il te faudra choisir judicieusement les élèves avec lesquels tu travailleras.

Si tu tiens à travailler avec tes amis, assure-toi qu'ils sont des personnes avec qui tu travailles bien et qui sauront faire le travail convenablement.

Il serait préférable de choisir des camarades qui ne sont pas nécessairement tes amis, mais qui travaillent bien et en qui tu peux avoir confiance.

Comment se rejoindre?

Afin de pouvoir communiquer en tout temps, toi et les membres de ton équipe devez échanger vos adresses électroniques et vos numéros de téléphone. De cette manière, s'il y a un problème quelconque, vous pourrez vous contacter sans trop de difficulté.

* Il peut arriver que le professeur impose les équipes. Dans ce cas, tu n'as pas le choix de tes coéquipiers. Cela peut paraître choquant mais il faut en voir le bon coté! Tu as ainsi l'occasion de rencontrer de nouvelles personnes. Aussi, vous serez fort probablement beaucoup plus efficaces car vous ne perdrez pas de temps à vous raconter toutes sortes d'histoires!

Les trois choses les plus importantes à savoir à propos de tes coéquipiers sont:

- leur numéro de téléphone;
- leur adresse électronique;
- leur ville de résidence.

Le numéro de téléphone et l'adresse électronique sont utiles pour se contacter. La ville de résidence est très utile si vous avez à vous rencontrer à l'extérieur des cours. En effet, vous pourrez faciliter les rencontres en choisissant un endroit proche de tous.

Choisir un sujet

S'il n'est pas imposé pas le professeur, choisissez un sujet qui plaira à tous les membres de l'équipe afin que chacun puisse faire sa partie en étant motivé. De cette façon, le travail sera de meilleure qualité puisque chacun travaillera sur quelque chose qu'il apprécie.

Trouver un chef d'équipe

La tâche du chef d'équipe n'est pas une lourde tâche: il n'a qu'à s'informer, à une fréquence régulière, auprès de ses camarades pour savoir s'ils sont à jour dans le travail qu'ils ont à faire. Bref, il s'assure que tout le monde fait sa partie du travail.

Si on veut que la tâche du chef d'équipe soit efficace, l'équipe devra préparer un échéancier (ex.: Jérémie doit remettre sa partie au brouillon pour mardi prochain). De cette manière, le travail ne sera pas remis en retard ou fait à la dernière minute.

Partager le travail équitablement

Décidez en groupe de qui est responsable de quelle partie du travail, bref de «qui fait quoi»… Soyez bien sûrs que tout le travail est également réparti et que chacun sait exactement quoi faire!

Maximiser le temps alloué en classe

Généralement, les professeurs donnent du temps en classe pour que les étudiants avancent leur travail.

Si tu ne veux pas te retrouver avec ta partie à faire au complet chez toi, le soir, profite de ce temps pour travailler efficacement et prendre de l'avance! Ensuite, tu peux continuer le travail chez toi… en sachant qu'un «gros bout» est déjà fait!

Choisir un secrétaire

La tâche de secrétaire n'est pas compliquée non plus. Elle consiste tout simplement à réunir toutes les parties finales des coéquipiers et d'en faire un travail continu. L'expression «travail continu» signifie que tous les textes sont dans le bon ordre, écrits avec la même police, dans la même taille, etc.

Mettre le travail au propre

Chacun des membres de l'équipe envoie sa partie au secrétaire, qui en fait un travail continu.

Imprimer et remettre le travail

Et voilà! Vous pouvez imprimer et remettre le travail complet dans les bons délais.

Le travail d'équipe en neuf étapes simples

1. Choisir son équipe.
2. Prendre en note les coordonnées de ses coéquipiers.
3. Choisir le sujet qui convient à tous les membres de l'équipe.
4. Choisir le chef d'équipe.
5. Partager équitablement le travail.
6. Maximiser le temps alloué en classe.
7. Choisir le secrétaire.
8. Mettre le travail au propre.
9. Imprimer et remettre le travail.

Trucs et astuces pour réussir un travail à long terme

Un travail à long terme, ou à longue échéance, est un travail qui t'est donné par ton professeur et qui doit être remis dans plus d'une semaine.

Ce qui est important...

– Assure-toi bien de comprendre le travail que tu as à faire.

Si tu n'es pas sûr du sujet sur lequel tu dois travailler, parles-en à ton professeur.

– Commence le travail le plus tôt possible.

N'attends pas à la dernière minute pour commencer le travail. Sinon, tu auras beaucoup trop de choses à faire en un court laps de temps. Résultat? La qualité du travail laissera à désirer.

Pour être sûr de ne pas avoir à tout faire à la dernière minute et d'être à jour, tu peux te faire un échéancier. Sur celui-ci, tu indiques où tu dois en être rendu chaque semaine. Par exemple, finir la partie A pour lundi prochain.

En procédant ainsi, tu diminues beaucoup tes risques de prendre du retard. Ton travail est toujours à jour et tu n'es pas pris à tout faire la veille.

– N'hésite pas à poser des questions.

Si tu as une question ou un problème à propos du travail en question, n'hésite pas à aller voir ton professeur rapidement. Ainsi, tu pourras continuer le travail aussitôt sans prendre de retard!

– Sauvegarde tes documents!

Combien de fois t'est-il arrivé de perdre ton travail parce que ton ordinateur a eu un problème? Mieux vaut ne pas y penser!

Pour limiter le risque de tout perdre à cause d'un problème informatique, tu peux enregistrer ton travail sur des unités mobiles, par exemple sur une disquette ou une clé USB. Tu peux aussi l'envoyer sur ta boîte de messagerie (Hotmail par exemple) ou l'envoyer à un de tes coéquipiers en lui disant de le conserver judicieusement.

Bref, assure-toi toujours qu'il y a plus d'une copie de ton travail… et en sûreté…

C'est un départ!

Tu connais maintenant toutes les techniques d'étude, les trucs, les méthodes de travailler et les manières d'apprendre et d'étudier qui m'ont permis d'avoir un sommaire de moyennes de 90 % et plus pendant mes cinq années de secondaire.

1. Tu t'es procuré le livre, preuve que la réussite t'importe.

2. Deuxièmement, tu l'as lu: tu sais maintenant tout ce que j'ai utilisé pour avoir des notes supérieures à la moyenne tout en faisant autre chose qu'étudier.

3. Maintenant, il ne te reste plus qu'à appliquer ce que tu as appris. Si tu appliques judicieusement ces techniques et que tu crois en ta personne, ces trucs t'apporteront des résultats spectaculaires à coup sûr.

Ce que tu possèdes maintenant sont les mêmes « outils » solides qui m'ont permis d'avoir de bonnes notes, mais aussi de maintenir un mode de vie équilibré.

Si tu crois en toi et en ces techniques, il ne fait aucun doute que les appliquer t'apportera le succès recherché.

Pendant cinq ans, j'y ai cru. Maintenant, c'est à toi d'y croire… et d'obtenir des résultats éblouissants.

N'oublie surtout pas que la meilleure personne qui peut te faire réussir, c'est toi. Mon rôle n'a été que de t'aider… Maintenant, le reste de la partie est entre tes mains!

De plus, il se peut fort bien que tu parviennes à développer tes propres techniques et que tu découvres ce qui fonctionne le mieux pour toi… et c'est PARFAIT!!!

Maintenant, tu as tout ce qu'il te faut pour réussir! Si j'en ai été capable, tu en es capable.

Bon succès!
Étienne Lapointe